Lk⁷ 1249

BÉNÉDICTION

ET POSE DE LA PREMIERE PIERRE

DE

LA NOUVELLE ÉGLISE NOTRE-DAME

DE BOULOGNE,

ÉDIFIÉE SUR LES RUINES DE L'ANCIENNE CATHÉDRALE PAR
LES SOINS ET SUR LES PLANS

DE M. L'ABBÉ A. HAFFREINGUE,

A L'AIDE D'UNE SOUSCRIPTION VOLONTAIRE, ET DESTINÉE A DEVENIR

L'ÉGLISE PAROISSIALE

DE LA HAUTE-VILLE DE BOULOGNE-SUR-MER.

(Article extrait du journal l'Annotateur du 11 Avril 1839.)

SUIVI D'UN
APPEL EN FAVEUR DE LA SOUSCRIPTION,
PAR M. LE BARON D'ORDRE ;

ET D'UN APPENDICE

Renfermant le procès-verbal de cette pose, le discours prononcé à cette occasion par M. l'abbé SERGEANT, aumônier de l'hospice, et des notes archéologiques et historiques sur la CRYPTE ou chapelle souterraine de l'ancienne cathédrale récemment découverte.

BOULOGNE-SUR-MER.

IMPRIMERIE DE F. BIRLÉ, RUE DES PIPOTS, N° 36.

1839.

La souscription est ouverte chez M. l'abbé HAFFREINGUE, et chez Mme MULLER, rue des Basses-Chambres, N° 7, haute-ville de Boulogne, où l'on peut voir les plans de la nouvelle église.

BÉNÉDICTION

ET POSE DE LA PREMIÈRE PIERRE

DE

LA NOUVELLE ÉGLISE NOTRE-DAME

DE BOULOGNE.

APPERÇU DE L'HISTOIRE ANCIENNE ET MODERNE DE CETTE ÉGLISE.

I.

Cette semaine a vu s'accomplir à-la-fois dans nos murs l'une des plus augustes cérémonies du culte catholique, l'un des actes civils les plus rares et les plus importans dont une population puisse être le témoin. Lundi dernier, 8 de ce mois, à trois heures, l'on a béni et posé la première pierre de la nouvelle église de Notre-Dame, que M. l'abbé Haffreingue relève avec les secours de la piété et du patriotisme, sur les ruines de l'ancienne cathédrale, détruite, comme tant d'autres monumens, à l'époque de notre première révolution.

L'église catholique considère la fondation d'un temple comme un acte d'un ordre supérieur qu'elle ne saurait entourer de trop de solennité. C'est l'évêque lui-même qu'elle appelle à remplir cette mission ; elle place dans sa bouche, à cette occasion, les plus belles prières de son rituel ; entr'autres ce psaume 126, d'un style si grand :

« *Nisi Dominus ædificaverit domum, in vanum labora-*

» *verunt qui œdificant eam.* » — « Si Dieu lui-même ne
» bâtit votre demeure, c'est en vain que travailleront
» ceux qui voudront l'édifier. »

Monseigneur l'évêque d'Arras avait en conséquence désigné M. Lecomte, curé-doyen et grand-vicaire, pour le remplacer; c'est en cette qualité que cet ecclésiastique officiait. Le clergé de la paroisse St.-Nicolas s'était réuni à celui de St.-Joseph qui venait prendre possession de sa future église; et rien n'avait été négligé de ce qui pouvait donner à cette cérémonie religieuse un éclat digne de son objet.

De leur côté, M. le maire, M. le sous-préfet, M. le président du tribunal civil, le colonel de la garde nationale, le directeur des douanes, toutes les autorités, en un mot, étaient présens. Ils avaient à remplir, dans l'intérêt de la ville, un devoir auquel ils n'eussent pas voulu manquer.

Après l'achèvement des prières et la bénédiction de la pierre, un procès-verbal (*), signé des principaux assistans, fut renfermé dans une boîte en bois, mise elle-même dans une boîte de plomb qui fut scellée et déposée dans un carré de maçonnerie; la pierre fut ensuite posée par M. le maire, et scellée par l'officiant, M. le sous-préfet, et M. le consul anglais, ce dernier représentant là notre nombreuse population étrangère qui est chrétienne, si elle n'est pas catholique, et à qui n'est indifférent aucun acte religieux capable d'exercer une grande influence sur les esprits.

La pose achevée, M. l'abbé Sergeant, aumônier de l'hospice, est monté en chaire et a prononcé, sur ce texte du livre de Josué, chapitre 4, verset 6: « *Quid sibi* » *volunt isti lapides*, — Que veulent dire ces pierres? » une allocution religieuse dont les pensées élevées, l'extrême réserve pour de tristes faits accomplis dont il ne faut pas faire de continuels ni de trop durs reproches, et le style plein de noblesse et de chaleur, témoignent chez cet ecclésiastique d'un talent peu ordinaire et d'une raison supérieure. **

Tout le monde a remarqué la discrétion des éloges que

(*) Voyez à l'appendice le texte de ce procès-verbal.

(**) Voyez ce discours à l'appendice.

l'orateur ne pouvait se dispenser d'adresser à M. Haffreingue, « cet homme qui sentant que rien n'est im-
» possible à la foi, seul d'abord et en dépit de tous les
» obstacles, a osé tenter cette entreprise gigantesque,
» qu'on accuserait presque de témérité si par ce qui se
» passe sous nos yeux, il n'était prouvé qu'il n'a fait que
» suivre l'inspiration du ciel:—et les hommages mérités adressés aux » magistrats éclairés qui, non contents d'ho-
» norer de leur présence cette imposante cérémonie, se-
» condent et encouragent l'œuvre sainte de leur coopéra-
» tion et de leur crédit ; parce qu'ils savent que la religion
» est la seule base solide de la paix des sociétés, et com-
» bien sont dignes de satisfaction les désirs d'une popula-
» tion religieuse qui demande un temple où elle puisse
» rendre à Dieu le tribut d'adoration que tout homme
» lui doit. »

Nous voudrions qu'un peu de violence fût fait à la modestie de l'orateur et que ce discours fût publié comme imprimant à la cérémonie pour laquelle il a été composé un caractère très-remarquable de conciliation, et comme un modèle du langage qui de nos jours doit descendre de la chaire chrétienne.

En dépit d'un froid très-âpre, un grand concours de monde assistait à cette cérémonie. Une quête faite sur les lieux et applicable aux frais de construction de l'église a produit 840 francs.

On a vu, non sans un vif intérêt, une bonne vieille femme, presque octogénaire, déposer en tremblant et les larmes aux yeux, un rouleau de gros sous qu'elle avait dû quêter elle-même, tant elle paraissait pauvre. Ce trait entre mille dit mieux que tous les écrits de quel œil le peuple, le véritable peuple, voit cette réédification attendue depuis un si grand nombre d'années.

II.

Tels sont, dans toute leur simplicité, les faits de cette journée ; mais nous avons presque un devoir à remplir envers nos lecteurs, en remontant avec eux dans le passé pour leur faire apprécier la valeur morale et historique de ce grand travail.

La fondation de l'église qui, en 1570, après la translation à Boulogne du siège épiscopal de Thérouane, détruite par la vengeance de Charles-Quint, devint la cathédrale, se perd, comme la plupart de nos origines religieuses, dans l'obscurité des premières années de notre histoire.

Nous savons bien qu'au siècle où nous sommes il faut laisser aux légendaires beaucoup de choses qui, pleines de charmes et d'autorité sous leur plume et leur temps, ne retrouveraient plus aujourd'hui cet accueil de foi vive qui jadis imprimait tant d'élan aux sentimens religieux. Nous savons bien encore que la religion, forte de tout le bien qu'elle a fait aux hommes, n'a pas besoin de chercher un appui dans le merveilleux des âges passés; et cependant nous n'hésiterons pas à emprunter aux pieux ouvrages où elle est consignée, la tradition si poétique de l'arrivée du vaisseau sans matelots et sans rames qui, vers 633, sous le règne de Dagobert, vint au port de Boulogne tout resplendissant d'une lumière céleste et portant « l'image
» de la Ste.-Vierge, faite de bois en relief, d'une excellente
» sculpture, d'environ trois pieds et demi de haut, et
» tenant Jésus enfant sur son bras gauche,—et celle de
» la Vierge apparaissant au peuple et lui commandant de
» fouir dans un endroit qu'elle lui découvrit, l'assu-
» rant qu'il y trouverait de quoi fournir aux frais né-
» cessaires pour mettre cette église en sa perfection. »

L'existence même de cette tradition, sa consécration dans les plus vieux manuscrits, la conservation jusqu'à nos jours d'un monument de construction romane, ce livre de pierres qui ne saurait mentir, dont la fondation remonte au moins au 10me siècle, tout atteste que c'est dans la plus haute antiquité qu'il faut placer la naissance de cette église.

Que le pélerinage de NOTRE-DAME DE BOULOGNE ait acquis bientôt une célébrité européenne qui à la suite des croisades passa en Orient, c'est ce dont il n'est pas raisonnablement permis de douter. L'archidiacre Leroy a réuni sur ce fait une foule de témoignages écrits qui lui assignent tous les caractères de la certitude historique. Nous ne pouvons ici que renvoyer à son livre composé vers la fin du 17me siècle, avec cette rigueur de méthode et ce scrupule de preuves dont les bénédictins avaient dès cette époque donné les plus beaux modèles. Tout est là ! On n'y lira pas sans intérêt que ce pélerinage exerçait au 13me siècle une telle influence sur les mœurs, que plusieurs arrêts même du parlement de Paris, imposèrent à certains coupables l'obligation de l'accomplir et d'en rapporter attestation écrite.

Tout récemment, le savant docteur Leglay, archiviste du département du Nord, nous a donné dans ses *Analectes historiques* (Paris, Techener, 1838, in-8°), une lettre datée du 16 novembre 1282, de *Béatrix*, veuve de Guillaume de Dampierre, comte de Flandres, dame de Courtrai, par laquelle elle déclare que 12 personnes de ladite ville de Courtrai sont allées en pélerinage à Notre-Dame de Boulogne, en réparation d'un *arsin* (incendie), que le prévost et les échevins de Courtrai avaient fait sur la terre de Saint-Pierre, et atteste qu'en outre le dommage a été réparé. (1)

Nous avons d'ailleurs dans la fondation de plusieurs hôpitaux pour les pélerins, dont l'un nommé Ste.-Catherine, était à la haute-ville, un autre à Audisques, un autre à St.-Inglevert;—dans celle de diverses hôtelleries également spéciales, au-dessus de la porte d'entrée desquelles était sculptée l'enseigne de la *coquille*, et dont la dernière est en ce moment même démolie rue du Cloître ; et dans les actes les plus authentiques de différens rois de France et d'Angleterre et comtes de Flandres, d'irrécusables preuves de la haute célébrité de ces saints lieux.

En janvier 1308, c'est dans l'église de Notre-Dame de Boulogne qu'est célébré, en présence de quatre rois, trois

---

Voici un fragment de cette lettre :

« Nous Beatris, jadis femme à noble homme Guillaume, comte
» de Flandres, dame de Courtray, faisons savoir à tous chiaulx
» qui ces notres presentes letres verront et oront, que douse per-
» sonnes dou commun de no ville de Courtray sont alé en pèleri-
» naige à Nostre Dame, à Bouloingne, et ont raporté letres k il ont
» fait leur pelerinaige en non d'amende, pour l'occoison d'un arsin
» ke li prevost et li eskevin et li communs de Courtray firent
» en ardant une maison sour le tiere St.-Pierre, de Lille, en
» l'an mil deux cens quatre vins et un, et ont restabli et
» restoret le lieu et la maison bien et souffisaumment et rendu tous
» cous, tous damaiges et tous despens que li doyens et li capitles
» de Lille ont fait pour l'occoison del arsin devant dit. »

reines, 14 fils de rois ou princes du sang royal, le mariage d'Isabelle de France avec Édouard, roi d'Angleterre.

En juillet 1360, le roi Jean, qui avait épousé une comtesse de Boulogne, débarqua à Calais en revenant de sa captivité ; le 25 octobre de la même année, après la ratification du traité de paix de Brétigny, il en partit, dit Froissart, « avec tous ceux de son costé qui partir s'en de-
» voient : et se mit le Roy de France tout à pied, pour
» venir en pelerinage à Nostre-Dame de Bouloigne, et luy
» firent compagnie le prince de Galles et ses deux frères,
» c'est à sçavoir Messire Lionnel, et Messire Aimon, et
» ainsi vinrent tous à pied devant disner jusques à Bou-
» logne, où ils furent reçeus à grand'joye : et là estoit le
» Duc de Normandie qui les attendoit. Si vinrent les
» dessusdits Seigneurs tous à pied en l'Eglise de Nostre-
» Dame de Bouloigne, et firent leurs offrandes moult dé-
» votement. Puis tournoyerent par l'Abbaye de Ieans,
» qui estoit appareillée pour le Roy recevoir et les
» enfans d'Angleterre. »

Dans les premiers jours de ce même mois, son fils Charles V, alors régent, fait élever à ses frais un autel et cède à l'église de Boulogne la propriété de diverses terres et droits royaux sur la ville d'Étaples. Remonté sur son trône, Jean ratifie cette donation et y ajoute le don de 60 livres parisis par chaque année sur le péage de Nempont à Montreuil. *Ad ecclesiam Boloniæ supra Mare*, avait dit le régent, *concursus populorum omnium confluit incessanter* : ce qui donne l'idée d'un concours immense de pélerins, et exprime, avec une énergie que notre langue ne saurait rendre, la pieuse dévotion, mais aussi les misères de ces temps où tant de maux étaient à soulager.

Un siècle après, en 1478, l'astucieux mais habile Louis XI, après avoir fait rendre à Bertrand de Latour, comte d'Auvergne, le comté de Boulogne qui lui revenait en vertu du traité d'Arras, et fait échange de ce comté avec cet héritier contre la seigneurie de Lauraguais, accomplit l'un des actes les plus curieux de l'histoire de la féodalité, en faisant à la Vierge, dont il se déclara le vassal, pour se soustraire à la suzeraineté des ducs de Bourgogne, hommage de son nouveau comté par lettres-patentes délivrées à Hesdin au mois d'avril, enregistrées au parlement le 18 août suivant.

En conséquence, il entra en cette qualité de feudataire dans son église, « à genoux, nue tête, n'ayant ni baul-
» drier, ni éperons, et dans cette humble posture, il fit
» l'hommage du comté de Boulogne à la Vierge tutélaire
» de ce pays. Et pour droit de relief, il présenta un cœur
» d'or du poids de 13 marcs, depuis appréciés à 2 000
» écus, voulant que tous ses successeurs rois de France
» et comtes de Boulogne, fissent le même hommage à la
» Ste.-Vierge et payassent à chaque changement d'hommes,
» un cœur d'or fin de même poids et valeur, pour être
» employé au bien et entretènement de son église. »

Un acte aussi éclatant ne pouvait manquer d'attirer à la Vierge du Boulonnais des hommages plus nombreux encore que par le passé. Charles VIII, Louis XII et François Ier, qui régnèrent successivement après Louis XI, acquittèrent comme lui l'hommage du cœur d'or. L'église reçut de plus, en 1514, les libéralités de Marie d'Angleterre, alors fiancée de Louis XII, plus tard celles d'Anne de Bretagne qu'avait épousée François Ier.

Quelques années avant le siége des Anglais, des inventaires furent dressés de tout ce que renfermait la trésorerie, les reliquaires, les cœurs d'or et d'argent, les robes d'or et d'étoffes précieuses, les diamans, les rubis, les saphirs étaient si nombreux que le tout occupait 13 armoires placées dans autant d'arcades soutenues par des piliers.

Il y avait, en outre, deux layettes remplies de lettres d'indulgences et de pardons accordés par divers papes, légats, archevêques et évêques.

Maîtres de Boulogne en 1544, les Anglais n'eurent rien de plus pressé que de piller l'église, proie si riche offerte à leur convoitise! Ils brisèrent les mausolées qu'elle renfermait, entr'autres celui d'Ide, comtesse de Boulogne, épouse de Renaud de Dampmartin, qui y avait été inhumée en 1216, près de la porte principale. Ils transformèrent l'église elle-même en un arsenal : et quant à la chapelle particulière de la Vierge «—ce lieu si saint
» et si auguste, dit Arnould le Féron, où sept lampes,
» dont quatre d'argent et trois d'or, brûlaient incessam-
» ment devant l'image de la Vierge, dont les piliers et
» les colonnes environnant l'autel étaient revêtus de
» lames d'argent:—un lieu de si grand abord, sainteté et

» dévotion, dit Guillaume Paradin, et célébré par grands
» et miraculeux prodiges en toute la chrétienneté, » ils
en brisèrent la voûte, mutilèrent les colonnes, et sur
ses ruines établirent une *sanguinaire officine de Mars*,
c'est-à-dire une sorte de redoute garnie d'artillerie.

Quant à la statue de la Vierge elle-même, elle fut
transportée en Angleterre, avec les orgues qui sont encore, dit-on, à la cathédrale de Cantorbéry. ce dernier fait est vivement contesté. Elle en revint en 1550 et
fut rétablie par Henri II, mais non dans sa chapelle détruite et qui paraît avoir été abandonnée dès cette époque.
On s'occupa cette même année de réparer l'église. Le
roi fit don pour cet objet d'une première somme de
1000 écus, et d'une autre de 1200 livres tournois. François de Raisse, seigneur de la Hargerie, donna pour
réparer la couverture une somme de 6000 livres :—la reine
Catherine de Médicis reforma son trésor et la dota de
nombreux habits sacerdotaux. Le maréchal de St. André,
le connétable Anne de Montmorency et le duc François
de Lorraine lui donnèrent des lampes d'argent marquées
de leurs armes. En un mot, le zèle des grands et du
peuple pour cette restauration fut tel, qu'en 1557 les richesses s'élevaient déjà à une valeur de deux cent mille
livres, selon un rapport que l'abbé de Notre-Dame en
fit au roi *qui en marqua son étonnement.*

Malheureusement, en 1567, l'église de Notre-Dame
fut de nouveau pillée et saccagée par les Huguenots, se-
crétement favorisés par le gouverneur Mortvilliers, lors
des troubles religieux qui agitèrent si vivement nos pro-
vinces. Les autels furent abattus ; les fonds baptismaux
rompus, le jubé démoli, les tombeaux même violés, sa-
crilége que les Anglais n'avaient pas commis ! tant il est
vrai que les guerres civiles, comme les querelles entre
frères, sont toujours les plus acharnées. Les cloches,
l'horloge, le plomb, le bois, le pavé, les pierres de
marbre furent enlevés ; et pour comble d'excès, le feu
fut mis à ce qui restait des bâtimens. La statue de la
Vierge, d'abord précipitée du haut des remparts, puis ca-
chée dans du fumier, fut enfin jetée dans le puits du
château d'Honvault où elle ne fut retrouvée qu'en 1607.

Il fallut donc recommencer sur de nouveaux frais.
Cette fois l'œuvre devait être d'autant plus lente et plus

difficile que les déplorables guerres de religion avaient éteint dans beaucoup de cœurs la foi religieuse ; et que les progrès même des lumières et de la civilisation avaient créé aux peuples de nouveaux besoins. Ceux-ci prenaient par degrés la place des intérêts du ciel dans lesquels toutes les pensées s'étaient long-temps absorbées, par cette raison même que du clergé seul était venue jusqu'alors presque toute puissance intellectuelle, toute sympathie pour les faibles contre le fort. Les finances royales étaient épuisées aussi ; un grand nombre de seigneurs ruinés, l'esprit de prosélytisme et de libéralité singulièrement affaibli. Le temps des durs sacrifices avait commencé.

En 1576, les chanoines vendirent à François de Saveuse, qui à cette occasion fit don de la croisée de la nef du côté du château, une partie de leurs biens pour subvenir aux dépenses les plus urgentes. En 1578, ils aliénèrent encore par contrat d'arrentissement les bois de Chanleu à Guillaume d'Ostove qui en outre de la rente qu'il s'obligeait à servir paya immédiatement 400 écus pour la même destination.

Charles IX, qui régnait alors, fit présent de la maîtresse vitre qui se voyait au-dessus du grand autel. Il s'y était fait représenter avec Elizabeth d'Autriche, son épouse, à genoux devant la figure de Notre-Dame dans un bateau. Il accorda de plus quelques arpens de bois des forêts royales du Boulonnais pour la réédification des combles de l'église et en particulier du chœur. Henri III fit une donation assez considérable de chênes pour la continuation des ouvrages commencés ; mais on n'en put obtenir que 50. Claude-André Dormy, premier évêque de Boulogne en 1570,— François de Chaumeil, successeur de Mortvillers dans le gouvernement de Boulogne ;—maître Adrien Bertrand, mayeur, et Jeanne Duwiquet, sa femme, donnèrent chacun une grande vitre. Des quêtes furent faites comme aujourd'hui parmi les habitans et fidèles. L'on répara ainsi, lentement, les *brèches de ce temple désolé* ; et jusqu'à l'avénement de Louis XIV, en 1643, chacun des évêques successeurs de Claude-André Dormy, ajouta à ce que son prédécesseur avait fait ; mais sans parvenir à rendre à son église l'éclat qu'elle ne devait plus revoir.

Néanmoins, dès 1647, le roi fit don d'une somme de 12,000 liv. pour tenir lieu du cœur d'or qu'avait dû son père et qu'il devait lui-même ; et cette somme fut employée à l'érection de l'autel du chœur et à la construction de la clôture de marbre qui fermait cette partie de l'église. Le travail commencé en 1653 fut achevé en 1656. Les pièces authentiques de cette donation sont toutes aux mains de M. l'abbé Haffreingue.

On peut lire dans l'ouvrage cité de l'archidiacre Leroy, le détail des présens qui furent faits à l'église jusqu'à l'époque où il écrivit ; présens auxquels les mayeurs et les echevins prirent une grande part. Mais rien n'égala la munificence d'Antoine d'Aumont, duc d'Aumont, pair et maréchal de France qui, en 1667, fit élever à ses frais le jubé, qui paraît avoir été le monument architectural le plus remarquable de l'édifice.

Leroy ne le décrit pas, mais en parle en termes admiratifs dont il est assez sobre pour leur donner quelque prix. D'Expilly (*Dictionnaire géographique de la France*) l'appelle un jubé superbe. De tous les historiens publiés et inédits, Scotté de Velinghem, dont le travail est resté manuscrit, est le seul qui ait donné sur ce jubé quelques détails un peu précis. Voici de quelle manière il le décrit dans une note dont nous devons la communication à M. L'. Cousin :

» Le vaisseau de l'église, dit-il, est grand et spacieux, des bas côtés accompagnent la nef, le chœur est orné d'une façade de 24 colonnes de marbres de Namur et du Boulonnais qui composent son jubé. 16 de ces colonnes sont contre le chœur, et les huit autres qui décorent les deux autels sont à côté. Le jubé est relevé de trois grandes marches de stinckal et son frontispice est composé d'une riche balustrade en marbre de Namur, portée sur une double corniche de marbre noir et blanc. Au-dessus est le cadran de l'horloge, ouvrage en fer doré semblable à celui de St.-Germain-l'Auxerrois. Il est sous la forme d'un aigle tenant les armes de la maison d'Aumont. »

Le même auteur ajoute :

« Derrière l'autel du chœur est un tableau de l'Assomption de la Ste.-Vierge (donné aussi par le maréchal d'Aumont) fort estimé. C'est l'ouvrage de Louis Lenoir. Le jeu d'orgues fait en 1680, par un organiste de St.-Omer, nommé Van Isaac, et les formes et stalles des chanoines sont aussi admirés pour leurs sculptures. »

Pour le trésor, il resta pauvre. Les bénédictins Don Martène et Don Durand, qui le visitèrent en 1715, ont donné dans leur *voyage littéraire* la liste de tout ce qu'ils y virent ; et, en vérité, suivant l'expression de D'Expilly, ce n'était *plus grand chose*.

La révolution éclata. Bientôt lancée hors de la voie où ses principaux auteurs avaient espéré la maintenir, elle s'attaqua en aveugle à tout ce qui attirait le respect des peuples, hommes et monumens. Le trésor de la cathédrale fut en partie confisqué au profit de la nation, après un inventaire trop rapide pour avoir pu être exact; et il serait bien difficile de découvrir aujourd'hui ce que sont devenus les objets qu'à cette époque il renfermait encore ; entr'autres la statue d'argent de la vierge qu'Henri II lui avait donnée.

Un seul, mais bien précieux, a survécu, "sauvé par M. Leporcq, alors greffier de la municipalité. C'est un livre d'Heures, manuscrit sur velin, du 14me siècle, enrichi des plus délicates peintures, qui, échappé une première fois au sac de Thérouanne, grâces au soin de l'un des membres de son chapitre, fut apporté à Boulogne, en 1570, lors de la fondation de l'évêché, et déposé dans le trésor de la cathédrale ; ainsi que l'attestent les Bénédictins dans leur *voyage littéraire* que nous avons déjà cité. Ce manuscrit resta de longues années inconnu au fond d'une armoire. Retrouvé l'année dernière par M. Blangy Leporcq, il est aujourd'hui l'une des plus intéressantes raretés du cabinet de M. Hédouin à qui il en a été fait don.

Quant à la statue de la Vierge, elle fut brûlée le 28 décembre 1793, sur la place de la haute-ville, en présence et par les ordres du représentant du peuple André Dumont.

L'église elle-même, après avoir servi de magasin à fourrages, fut vendue comme bien national et démolie de fond en comble. On fit argent de tout, même du plomb des cercueils qui reposaient sous ses parvis.

La destruction fut d'autant plus complète qu'il n'existe, que nous sachions au moins, aucun plan régulier d'ensemble et de détail de l'ancienne cathédrale. Le cabinet des estampes de la bibliothèque du Roi en possède bien quelques vues ; mais comme celle que l'on peut voir à notre bibliothèque communale, au 3me volume de la *Topographia Galliæ* de Mérian, ce ne sont que des plans d'optique sans authenticité.

III.

Le niveau une fois passé sur la cathédrale, les lieux où elle s'était élevée restèrent jusqu'en 1820 dans l'état où la pioche les avait laissés. A cette époque M. l'abbé Haffreingue ayant acquis la propriété de l'ancien palais épiscopal et de toutes ses dépendances, y compris l'emplacement de la cathédrale, fit déblayer le terrein pour reconnaître les anciennes fondations ; et bientôt il conçut la pensée, non de réédifier la cathédrale dont les plans n'existent plus et qui ne répondrait pas d'ailleurs aux exigences artistiques d'un temps aussi riche que le nôtre, mais d'élever un temple grandiose, un véritable monument capable de consoler notre ville de ne posséder aucune de ces vénérables basiliques du moyen âge qui font l'honneur de toutes les villes du Nord, et de porter un brillant témoignage de ce que, même dans nos jours de peu de foi, le catholicisme peut encore opérer.

Encouragé par ses amis qui lui ouvrirent libéralement leur bourse, par des legs pieux dont quelques-uns sont une fortune entière, il se mit à l'œuvre ; et le 1er mai 1827 fut posée la première pierre du dôme qui s'élève aujourd'hui à 120 pieds au-dessus du sol.

Chose étrange ! Ce fait si rare, ce premier acte d'une entreprise presque gigantesque, unique peut-être depuis le moyen âge où les évêques construisaient leurs cathédrales sans autres secours que ceux de la piété des fidèles grands et petits, s'accomplit ici, sans que personne daignât le remarquer. Il semble que l'on n'ait pas cru à la possibilité de son exécution et que l'opinion ait voulu, par son silence, traiter ce projet, que d'ailleurs rien ne rattachait alors à l'intérêt public, comme une de ces témérités ambitieuses dont on ne veut pas se rendre solidaire en les encourageant.

On chercherait vainement dans les journaux de l'époque un seul mot qui ait rapport à cette entreprise !

Cependant, le 8 décembre 1829, jour de la fête de l'Immaculée Conception, la chapelle qui est placée derrière le dôme et s'adosse au rempart, était terminée ; le culte divin y était célébré ; et depuis lors, il ne s'est pas écoulé un seul jour sans que les travaux n'aient marché. A certaine époque, jusqu'à 160 ouvriers étaient employés dans les carrières à extraire l'excellente pierre dont M. Haffreingue a fait choix pour sa construction ; 130 ouvriers tant maçons que charpentiers travaillaient à la fois à élever cette masse imposante du dôme que l'on voit aujourd'hui. Dans certaines années, les dépenses ont été au-delà de 100,000 fr. : et l'on ne sait ce qu'il faut le plus admirer, ou de la hardiesse de pensée, de la fermeté de vouloir qui a présidé à ces travaux immenses, ou de la piété des hommes qui ne se sont pas lassés d'apporter leur tribut à cette œuvre sainte !

Il était évident néanmoins qu'à suivre le plan adopté, de bien longues années s'écouleraient encore avant que l'édifice nouveau pût rendre quelque véritable service à la religion.

L'année dernière la paroisse de la haute-ville ayant été agrandie, l'on sentit plus vivement que jamais, à l'extrême exiguité de sa chapelle trop petite pour renfermer ses fidèles, à quel point était déplorable la destruction de l'ancienne cathédrale, et combien serait pénible et difficile l'attente de l'achèvement d'une basilique nouvelle, si l'ordre du travail n'était pas changé.

Des pourparlers avec M. l'abbé Haffreingue eurent donc lieu : et quelques jours lui suffirent à prendre une détermination pour laquelle nous ne savons pas assez d'éloges ; celle de faire don à la ville du terrein et de l'église nouvelle, et de lui consacrer exclusivement tout ce que la piété des fidèles lui donnerait, tout ce qu'on pourrait obtenir du gouvernement.

M. Haffreingue n'a réservé qu'une seule condition, c'est qu'à son dôme de proportions si grandes on n'accolerait pas une église mesquine ; qu'à l'exception des quelques modifications que conseillerait une étude approfondie des plans dont M. de Bayser est chargé, sa pensée primitive serait respectée ; et qu'on lui laisserait la satisfaction de conduire lui-même à bonne fin les travaux, pour n'offrir à ses concitoyens qu'un monument achevé.

On sait déjà le reste. La souscription ouverte voit chaque journée nouvelle apporter une nouvelle offrande. Le denier de la veuve est reçu avec la même reconnaissance que le riche présent de l'homme opulent ; les listes de souscription seront soigneusement conservées ; et de plus les noms des souscripteurs seront inscrits sur un registre spécial qui restera déposé sur un pupître dans la petite chapelle de la vierge, à l'extrémité de la grande, pour attester à ceux qui viendront après nous que ce temple détruit dans un moment de perturbation sociale, a été relevé par la piété de leurs ancêtres.

Selon toutes les apparences, dans cinq ou six ans la hauteville possédera une église digne de notre cité. Le temps sur lequel il faut compter toujours, lui donnera ensuite sa parure architecturale, condition d'art qu'il n'est pas nécessaire de remplir dès aujourd'hui.

IV.

PLAN DE L'ÉGLISE.

Le plan de la nouvelle basilique a été conçu sur de vastes proportions. L'édifice forme une croix grecque surmontée d'un dôme à son extrémité supérieure. Il s'appuie au nord au rempart par la petite chapelle de la vierge destinée à devenir plus tard la sacristie. En avant de cette chapelle en est une seconde plus grande qui conservera cette destination : ensuite vient le dôme qui, à l'extérieur, tiendra de ceux des Invalides, du Panthéon, et de St.-Paul de Londres ; à l'intérieur il a reçu une disposition particulière qui l'en distingue beaucoup.

Son plan inférieur est une croix dont les branches sont ainsi occupées : au nord, les chapelles que nous venons d'indiquer ; au sud, le chœur de l'église qui s'élève ; à l'ouest et au couchant, deux portails donnant issue à l'extérieur. Dans les intervalles sont quatre chapelles destinées à honorer les fêtes de la Conception, la Nativité, l'Annonciation et l'Assomption de la vierge : chacune d'elles aura deux niches pour recevoir les 8 pères de l'église. La corniche est supportée par 8 pilastres cannelés d'ordre corinthien, ayant 12 mètres d'élévation.

Du fonds d'une chapelle à l'autre la largeur du dôme est de 82 pieds 5 pouces : son diamètre intérieur, pris à l'endroit de la corniche, a 64 pieds 5 pouces 6 lignes, c'est-à-dire 2 pieds 5 pouces 6 lignes de plus que le diamètre du dôme du Panthéon.

Au-dessus de la frise, le mur intérieur est ramené vers le centre et forme un commencement de coupole destiné à recevoir une peinture dont le sujet n'est pas encore déterminé. Cette disposition est très heureuse : elle détachera la partie supérieure du dôme de la partie inférieure, et lui donnera beaucoup de légèreté. A l'œil toute cette masse apparaîtra comme suspendue dans les airs.

Au dessus du bord extérieur de ce mur cintré, prend naissance la première coupole dans laquelle sont pratiquées 16 niches destinées à recevoir les statues des dix apôtres, de la Ste. Vierge, de St. Joseph, St. Jean-Baptiste et St. Paul, l'apôtre des nations. Cette première coupole, décorée à l'extérieur d'une colonnade circulaire de 16 colonnes cannelées, d'ordre corinthien, de 30 pieds d'élévation, et à l'intérieur d'autant de pilastres de même ordre, sera vivement éclairée par 16 croisées correspondant aux 16 niches de la première. Le cintre de cette seconde coupole supportera la galerie intérieure ; percée d'une vaste ouverture circulaire, elle laissera voir la seconde, destinée à recevoir une peinture représentant la Ste. Vierge reçue par son fils dans le ciel, au milieu de la cour céleste.

La colonnade extérieure supportera un entablement couronné par une galerie découverte et pavée en dalles, qui aura, comme celle de l'intérieur, 7 pieds de largeur, avec une balustrade ; de manière à ce que l'on puisse faire des deux côtés le tour de l'édifice.

Au-dessus s'élèvera la troisième coupole ou dôme extérieur qui sera surmontée d'une lanterne au sommet de laquelle s'élèveront la flèche et la croix. Dans cette lanterne sera placée une statue colossale de la Vierge dominant la ville, les campagnes et l'océan, au-dessus duquel elle s'élèvera de près de 600 pieds, de manière à être vue à une immense distance des nautonniers qui, dans leurs dangers, l'invoqueront comme une étoile tutélaire.

Du haut de la galerie extérieure du dôme, qui se trouvera à 150 pieds au-dessus du parvis et aura un développement de circonférence extérieure de 200 pieds, la vue s'étendra sur une immense étendue de pays: elle embrassera le détroit du Pas-de-Calais tout entier, une partie de la Manche et de la mer du Nord, et des côtes de l'Angleterre. Ce sera l'un des plus magnifiques spectacles qui puissent être donnés à l'œil de l'homme.

Les quatre angles saillans du plan carré sur lequel est assis le dôme, sont destinés à recevoir les statues colossales des quatre évangélistes avec leurs attributs.

Les trois quarts de la dépense qu'exige ce grand travail sont maintenant soldés et les plus sérieuses difficultés sont vaincues. Les fonds ont été fournis par des particuliers, et principalement par M. l'abbé Haffreingue; après lui par M. de Campaigno, le dernier sénéchal, qui ne lui a pas consacré moins de cent mille francs.

La façade sur la place du Parvis Notre-Dame aura 22 mètres de largeur sur une élévation de 28, non compris les clochetons qui auront seuls 8 mètres. L'élévation totale sera donc de 36 mètres.

Cette façade sera décorée d'un portique formé de huit colonnes cannelées, d'ordre corinthien, qui auront 11 mètres 50 centimètres ou 35 pieds de hauteur.

Cet ordre corinthien sera surmonté d'un ordre composite. Aux deux extrémités seront deux grandes croisées; au centre, partie destinée à recevoir à l'intérieur les orgues, seront pratiquées trois niches d'inégale hauteur. Celle du milieu recevra probablement la statue de la Vierge, qui dans l'ancienne cathédrale occupait cette place. Nous lisons, en effet, qu'en 1627, Gilles Folie, grand vicaire, chanoine et curé de la haute-ville, fit placer au-dessus du grand portail l'image de Notre-Dame de Boulogne.

Le corps de l'église se composera d'une nef principale avec ses bas côtés, de chapelles latérales, de la croix et du chœur.

La nef principale aura neuf mètres de largeur, et les collatéraux quatre mètres cinquante centimètres. L'élévation sera de 27 mètres pour la nef, de 12 pour les collatéraux. A gauche cinq chapelles auront la même hauteur que ces derniers, et par leur disposition formeront comme de seconds collatéraux.

Du portail au dôme, contre lequel s'appuiera le chœur, on comptera huit arcades portées sur des colonnes d'ordre corinthien de trois pieds de diamètre. Les arcades seront décorées de niches destinées à recevoir les statues des plus grands saints qu'honore l'église. Ce même genre de décoration se continuera dans les entre-croisées sur le mur latéral qui surmontera les arcades.

La croix sera formée par une nef de même largeur que la nef principale, et de 21 mètres de longueur.

Le chœur aura 12 mètres de profondeur. Il communiquera avec le dôme par l'arcade existant aujourd'hui qui a 12 mètres d'élévation. Quant à la décoration du mur de fond au-dessus de cette arcade, contre lequel la grande nef viendra s'appuyer, elle n'est pas encore arrêtée ; mais elle sera nécessairement mise en harmonie avec celle du dôme lui-même et de l'église. Au-dessous du chœur sera la crypte ou ancienne chapelle souterraine de la Vierge, que toute la ville a visitée depuis un mois qu'elle est déblayée des ruines qui l'encombraient, et dont la restauration est confiée aussi à M. de Bayser. Cet habile architecte ne manquera pas de lui conserver avec un soin religieux tout le caractère de haute antiquité dont elle a gardé les irrécusables témoignages, écrits sur ses colonnes trapues d'architecture romane aux chapiteaux décorés d'animaux symboliques. (1)

Tel est le projet dans son ensemble : on a récemment publié un plan inférieur qui permet d'en juger, et un plan optique qui, bien qu'il doive recevoir quelques modifications importantes, donne une idée avantageuse de ce que sera après son achèvement ce grand édifice.

Sa décoration intérieure et extérieure n'est pas arbitraire : son caractère le plus saillant sera le grand nombre de monumens de sculpture chrétiennne. Au point de vue catholique, cette pensée est heureuse : à celui de l'art, si une grande sobriété domine, comme nous l'espérons, dans l'exécution, elle sera irréprochable : elle catholicisera en quelque sorte l'art grec.

La mise à exécution peut seule, au surplus, révéler les beautés comme les défectuosités des plans. Il a fallu en outre se poser des limites. Si tout est possible à la pensée, la réalité est moins libre : elle subit des conditions de temps et d'argent que la première ne connaît pas.

Tel qu'il sera, ce monument honorera à tout jamais l'homme qui l'a conçu et consacre à son élévation le

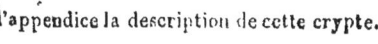

(1) Voyez à l'appendice la description de cette crypte.

produit des travaux de toute sa vie. Il ne sera pas sans quelque gloire pour notre population qui, en échange du don si généreux dont elle est gratifiée, lui apporte avec empressement le tribut de ses pieuses largesses.

Elle sait que les monumens sont les titres de noblesse des cités, et ne s'arrêtera devant aucun sacrifice pour renouer la chaîne si fatalement brisée des évènemens de l'histoire de Notre-Dame de Boulogne, qui fut pendant un si grand nombre de siècles son premier titre de célébrité.

APPEL

EN FAVEUR DE LA SOUSCRIPTION OUVERTE POUR LA
RECONSTRUCTION DE L'ANCIENNE CATHÉDRALE
DE BOULOGNE-SUR-MER.

DOMINE, DILEXI DECOREM DOMUS TUÆ.

Un pompeux édifice existait dans ces lieux
Enrichi par la foi, l'amour de nos ayeux ;
Chaque siècle ajoutait à sa magnificence :
On y voyait venir le monarque de France
Qui, suivant un usage antique et révéré,
Parmi ses grands vassaux, de sa cour entouré,
Et dans des flots d'encens tenant en main un cierge,
Présentait sa couronne à l'autel de la Vierge,
Dont l'image brillait de saphirs, de rubis,
Quand la foule empressée inondait le parvis.
Qui pourrait rappeler tant de riches reliques,
Le fer, l'argent et l'or des chapelles gothiques,
Les autels grecs, romains, les lampes, les flambeaux,
Les colonnes de marbre et les brillans vitraux ?
Là, reposaient jadis sous la pierre sonore
Plus d'un vaillant guerrier dont Boulogne s'honore,
Plus d'un pontife saint, plus d'un sage docteur,
Et plus d'un juge intègre estimé du plaideur.

En des jours désastreux l'antique cathédrale
Fut livrée à la pioche, au marteau du vandale.
On ouvrit les tombeaux, et les os dispersés
Restèrent sans honneur sous les murs renversés !
On brisa les autels, on arracha les dalles,

Et la cupidité prodiguant les scandales,
O douleurs ! ô regrets ! chez un peuple chrétien,
Tout fut détruit, épars ; il ne resta plus rien.
Et la religion à pleurer condamnée
Quitta pour quelque temps la terre profanée.

Mais après la tempête on la vit revenir,
Sous l'aile de la foi préparant l'avenir.
L'étude, la science et les arts pour cortége,
Près des lieux dévastés fondèrent un collége,
Où des maîtres pieux choisis pour leur savoir
Des parens éclairés ont surpassé l'espoir.
Reconnaissance, honneur, gloire, estime éternelle
Au prêtre du seigneur enflammé d'un saint zèle
Qui le premier conçut ce dessein généreux !
Oh ! puisse-t-il bientôt voir couronner ses vœux,
Et s'élever un jour la noble basilique,
Monument glorieux de la foi catholique
Consacré par les dons, la piété, l'amour,
Et digne de la ville où Bouillon vit le jour !

Vous tous, fils de la France ! ô chrétiens ! ô mes frères !
Sur qui brille un rayon du soleil de nos pères,
Qui respectez encor ce qu'ils ont adoré,
Nous implorons de vous un secours assuré !
Ecoutez notre voix, le ciel vous y convie :
L'ange des souvenirs sur le livre de vie
Avec reconnaissance inscrira vos tributs,
Le denier de la veuve et le don de Crésus.

Le B^{on}. D'Ordre.

APPENDICE.

PROCÈS-VERBAL

DE LA POSE DE LA PREMIÈRE PIERRE DE LA NOUVELLE ÉGLISE NOTRE-DAME.

L'an de grâce mil huit cent trente-neuf, et le huit avril, sous le pontificat de Grégoire XVI, et l'épiscopat de Monseigneur Hugues-Robert-Jean-Charles de la Tour d'Auvergne-Lauraguais, évêque d'Arras ;

Sous le règne de Louis-Philippe Ier, Roi des Français ;

Monsieur Nau de Champlouis, pair de France, étant préfet du département du Pas-de Calais ;

Monsieur Launay le Provost, chevalier de l'ordre royal de la Légion d'Honneur, étant sous-préfet de l'arrondissement de Boulogne ; M. Alexandre Adam, chevalier du même ordre, étant maire de Boulogne ; ces deux derniers présens et soussignés.

Monsieur Lecomte, curé-doyen de St-Nicolas, chanoine honoraire, vicaire général d'Arras, agissant au nom et comme délégué de Monseigneur l'évêque d'Arras, et assisté de Monsieur Delcroix chanoine honoraire d'Arras et curé de la paroisse S^t.-Joseph (hauteville), a béni, et mondit sieur Alexandre Adam, maire de Boulogne, a posé la première pierre de la nouvelle église, *destinée à devenir l'église paroissiale de la haute-ville de Boulogne*, et bâtie sur l'emplacement de l'ancienne cathédrale de Boulogne, lequel, devenu propriété privée lors de la révolution, a été depuis acquis et donné pour la construction de ladite nouvelle église, par M^r.

l'abbé Agathon Haffreingue, chanoine honoraire d'Arras et chef d'institution. Cette construction a été entreprise par les soins et sur le plan de ce dernier, à l'aide d'une souscription volontaire faite parmi les habitans.

Cette première pierre a été posée au milieu de la base du premier pilier de la droite de la croix.

De tout quoi il a été dressé le présent procès-verbal qui a été signé par les sus-nommés et autres personnes, fonctionnaires et notables, présens à la cérémonie, qui s'est faite au milieu d'un grand concours de peuple. Un double de ce procès-verbal a été enfermé dans une boîte en plomb et placé sous ladite première pierre.

Fait en double, les jour, mois et an que dessus.

DISCOURS

PRONONCÉ PAR M. L'ABBÉ SERGEANT

A CETTE CÉRÉMONIE.

Quid sibi volunt isti lapides ?
Que veulent dire ces pierres ?

Au livre de Josué, ch. 4, v. 6.

Voilà, mes frères, ce que vous demandent depuis un demi-siècle et vos enfans et les étrangers, à la vue de ces murs renversés et de ces monceaux de décombres : *quid sibi volunt isti lapides ?*—que signifient ces ruines ? Et depuis un demi-siècle, l'âme navrée de la plus amère douleur, vous leur répondez : vous voyez les restes d'un temple saint, célèbre par son antiquité, plus célèbre encore par ses merveilles.

Oui, tels sont, peuple fidèle, les tristes débris de ce temple si fameux érigé par vos pieux ancêtres en l'honneur de la Reine des Cieux, lorsque son image sainte vint s'offrir miraculeusement à leur vénération ; et c'est sans doute de cette époque si reculée, et à jamais mémorable, que date votre existence, modeste chapelle que j'aperçois sous mes pieds ! Colonnes sacrées, qui avez vu passer devant vous douze siècles, vous avez échappé aux malheurs des temps, pour attester que ce temple souterrain fut le premier sanctuaire de la Sainte Patronne du Boulonnais.

Précieux monument, que de pieux et consolans souvenirs vous nous rappelez à-la-fois! C'est ici que le Ciel s'est plu si long-temps à combler de faveurs signalées tant de fervens pèlerins accourus pour implorer le secours de Notre-Dame de Boulogne, dont le nom retentissait dans tout le monde chrétien. C'est ici que tant d'illustres personnages, que tant de braves guerriers, tant de princes et de rois, sont venus se prosterner aux pieds de la plus humble des vierges; que dis-je, c'est ici que presque tous nos religieux monarques, depuis Louis XI jusqu'à Louis XV, vinrent tour-à-tour, à leur avènement au trône, faire hommage de leur couronne à la Patronne du Boulonnais et de toute la France, dont ils se regardaient comme les vassaux et les feudataires.

Je laisse à l'histoire, mes frères, le soin de vous raconter comment la Sainte image de Notre-Dame de Boulogne, après avoir été long-temps l'objet de la vénération de toute la chrétienneté, fut ensuite, à diverses reprises, arrachée de son sanctuaire, indignement outragée et profanée par les aveugles ennemis du culte de Marie; et comment elle fut enfin rendue aux vœux et à la foi de vos pères qui relevèrent ses autels avec une nouvelle magnificence.

Alors s'éleva cette dernière basilique de Notre-Dame de Boulogne, que plusieurs d'entre vous ont encore vue dans toute sa splendeur; et vous ne pouvez sans doute vous la rappeler sans attendrissement, en pensant que là vos pieuses mères vous ont consacrés à Marie; que là, à leur exemple, vous vous êtes tant de fois agenouillés devant son image vénérée; que là surtout vous avez été marqués du caractère auguste et indélébile de chrétiens, ou confirmés dans la foi, par ce saint et savant évêque qui fut si long-temps l'ornement de l'église du Boulonnais, et sera à jamais l'une des plus belles gloires de l'épiscopat!

Mais qu'est devenue cette antique cathédrale, théâtre si glorieux de la puissance et des vertus de Marie ? hélas ! comme tant d'autres, elle est tombée sous les coups du vandalisme et de l'impiété qui n'ont pas épargné non plus la sainte image que Boulogne regardait comme son plus riche trésor !

Mais le crime de quelques hommes égarés ne saurait vous être imputé, enfans de la religieuse et catholique Morinie ! Aussi Marie n'a point cessé de vous regarder, depuis ces affreux désastres, d'un œil de bienveillance ; toujours vous avez été chers à son cœur : et c'est elle, n'en doutez pas, qui, dans des jours d'aveuglement et de douloureuse mémoire, vous a préservés des calamités et des fureurs sanguinaires dont a été trop long-temps victime notre malheureuse patrie.

C'est à elle aussi que vous devez attribuer cette prospérité vraiment prodigieuse, qui, en peu d'années, a donné à cette cité une incontestable supériorité sur toutes les villes circonvoisines, auxquelles elle était jadis si inférieure par sa population et son commerce.

Eh ! qui ne reconnaît pas encore une protection toute particulière de Marie sur le lieu même où elle fut si honorée durant l'espace de douze cents ans ? Il n'a pas éprouvé en effet le même sort que tant d'autres occupés aussi jadis dans cette ville par des monumens religieux, dont des usages profanes ont effacé jusqu'aux moindres vestiges. Le terrein consacré à Marie est resté intact jusqu'à nos jours.

Et soyez à jamais bénie, ô providence de mon Dieu, qui n'avez permis, ce semble, l'entière destruction de la basilique de Notre Dame que pour la faire sortir aujourd'hui plus magnifique encore de ses ruines !..

Rues de Sion, vous pleurez depuis long-temps, vous pleurez parcequ'il n'est personne qui vienne aux solemnités de son temple qui n'est plus ! *Viæ Sion lugent eo quòd non sint qui veniant ad solemnitatem.* (JÉrémie. Lament. Chap. Ier.) Prêtres saints, depuis long temps vous gémissez amèrement devant le seigneur, parceque vous avez à peine un lieu pour y prier avec les pieux fidèles! Quittez! ah! quittez les accens de la douleur pour vous livrer aujourd'hui aux transports d'une vive et sainte allegresse! Voyez cette pierre que l'église vient de bénir avec tant de solemnité, que vous dit-elle? *quid sibi volunt isti lapides ?* Oh! sur elle va être érigé, en l'honneur de notre illustre patronne, un temple plus digne que tous ceux qui l'auront précédé de celle qui est la reine des anges et des hommes. Ce dôme qui déjà s'élève avec tant de majesté, vous parle assez de sa future magnificence.

Réjouissez-vous à cet aspect, réjouissez-vous tous religieux habitans de Boulogne! Cette nouvelle basilique de votre protectrice et de votre mère est votre église à tous. Aussi, dignes héritiers de la piété de vos pères, et animés d'une sainte émulation, tous vous contribuerez à l'envi à l'achèvement de cette œuvre commune, et les généreux sacrifices que déjà vous vous êtes imposés la plupart, attestent assez que vous ne la laisserez pas imparfaite.... Car tout est possible à la foi et surtout à l'amour.

C'est une grande chose en effet que l'amour qui naît de Dieu, m'écrierai-je ici avec un pieux auteur:
» C'est le bien parfait qui seul rend léger tout ce
» qui est pesant! Aussi celui qui aime donne tout pour
» tout, il ne regarde point aux dons, mais élève ses
» regards au-dessus de tous les biens jusqu'à celui
» qui les donne; il ne connaît point de bornes, et son
» ardeur l'emporte au-delà de toutes les bornes....
» l'amour enfin ne croit point à l'impossible. »

C'est ce que comprend bien sans doute l'homme vraiment courageux, qui seul d'abord, et en dépit de tous les obstacles, a osé tenter cette entreprise gigantesque, qu'on accuserait presque de témérité s'il n'était prouvé par tout ce qui se passe sous nos yeux, qu'il n'a fait que suivre l'inspiration du ciel. Hommage à ses intentions si pures, et si désintéressées ! Hommage à sa foi si héroïque ! Hommage aussi à ces magistrats sages et éclairés qui, non contens d'honorer de leur présence cette imposante cérémonie, secondent et encouragent l'œuvre sainte par leur coopération et leur crédit. Ils comprennent, ces administrateurs à vues larges et élévées, qu'ils ne sauraient trop s'empresser de répondre aux justes et louables désirs d'une population religieuse qui demande un temple où elle puisse rendre à Dieu le tribut d'adorations que tout homme lui doit ! Ils savent que la religion est la seule base solide de la paix et de la prospérité des familles, des cités et des empires.

Amis et protecteurs des arts, ils savent encore que c'est dans nos monumens religieux surtout que le génie de l'homme déploie toutes ses richesses et toutes ses ressources. Boulogne donc, depuis long-temps si pauvre en monumens remarquables, aura bientôt aussi sa merveille dans ce temple magnifique, qu'elle montrera avec orgueil à tous ceux qui viendront de loin le contempler et l'admirer.

Et vous auguste Marie, par votre crédit si puissant auprès de celui qui seul est l'auteur et le dispensateur de tous les biens, vous dédommagerez au centuple vos enfans chéris des sacrifices qu'ils auront faits pour la réédification de votre sanctuaire ! Vous appellerez sur leurs entreprises et leur commerce les bénédictions du ciel. Inondée des richesses de la terre et de la mer, cette cité occupera un jour le premier rang parmi les cités les plus florissantes de notre belle France.

Par les grâces signalées dont vous serez surtout pour eux une source intarissable, ses habitans formeront une population modèle, dont la salutaire influence se fera sentir à toutes les contrées voisines. Oui, sous vos auspices, ô reine des vertus, Boulogne recouvrera le glorieux titre de ville Sainte que la piété et la célébrité de votre culte lui méritèrent dans les siècles passés. Placée au haut de ce dôme majestueux, votre image sacrée sera pour nos marins l'étoile de la mer et le refuge le plus assuré dans la tempête. A son aspect nos haines s'appaiseront, nos discordes cesseront, tous les murs de séparation qui nous divisent seront renversés, parceque la justice et la paix se donneront un saint baiser. Nous ne ferons tous qu'un cœur et qu'une âme, nous ne ferons plus qu'un peuple d'amis, qu'un peuple de frères comme il n'y a qu'un Dieu qui nous aime. Partout la charité, la paix, la douce paix et la félicité qui nous feront éprouver dès ici bas un avant goût des célestes et éternelles délices.

Ainsi Soit-il !

Extrait des notes archéologiques sur la Crypte ou Chapelle souterraine découverte dans l'emplacement du chœur de l'ancienne cathédrale de Boulogne, de MM. Hédouin et Bazinghen, tous deux membres de la société des Antiquaires de la Morinie. (*)

C'est en creusant la surface couverte d'épais décombres, dans l'emplacement qu'occupait l'ancien chœur, que M. Haffreingue a retrouvé les premiers vestiges de la crypte dont nous cherchons à retracer l'origine et l'histoire.—Une voûte nouvelle, malheureusement peu soignée, a d'abord été établie afin de protéger la conservation du souterrain, et depuis un mois seulement son intérieur a été successivement déblayé et mis à jour.

En voici la description :—Cette crypte a 12 mètres de longueur, 10 mètres 30 centimètres de largeur, et sa hauteur, sous voûte, est de quatre mètres. Elle est décorée de 8 colonnes, distantes les unes des autres de 2 mètres 70 centimètres, avec demi-banc formant son pourtour. Leurs bases sont extrêmement simples. Le diamètre de ces colonnes est de 50 centimètres : plusieurs de leurs chapiteaux n'existaient plus ; ceux retrouvés sur place et ceux ajoutés en les enlevant à des colonnes des bas-côtés de l'ancienne église, sont variés, d'une haute antiquité, et supportaient des cintres surbaissés. A l'entrée de la crypte faisant face à la Place Notre-Dame, se trouvent pratiquées, sur les côtés, deux ouvertures ou portes cintrées. Nous pensons que ces portes sont bien moins anciennes que tout le reste de ce monument ; nous dirons bientôt

---

(*) Insérées dans le journal *la Boulonnaise* du 27 mars 1839.

pourquoi. Quatre pierres carrées, ayant évidemment servi de bases à d'autres colonnes, occupent symétriquement le centre de l'édifice.

Voilà en masse l'aspect qu'offre cette crypte : quelques détails particuliers, se liant à la partie historique, viendront compléter sa description.

C'est, selon nous, du septième au neuvième siècle qu'il faut remonter pour fixer l'époque de la construction de ce monument; alors l'architecture gothique n'était point née, et les églises et chapelles, presque toutes souterraines, en mémoire des catacombes où les premiers chrétiens ensevelissaient les restes des martyrs et célébraient les saints mystères, avaient, comme le font observer tous les archéologues, beaucoup d'analogie, sinon avec les constructions romaines, du moins avec celles en usage dans les premiers siècles de la conquête. « C'étaient, disent-ils, de grand caveaux, simples, réguliers, avec de grosses colonnes, et dont les murs, à angles droits, n'avaient ni filets ni moulures. »—Or, ce genre de construction est bien celui que présente la crypte dont nous nous occupons.

Les chroniques locales, et en particulier celles concernant Notre-Dame, viennent à l'appui de la date indiquée ci-dessus, et nous paraissent prouver que cette crypte servit de chapelle pour la Vierge miraculeuse du Boulonnais.

Plusieurs monumens semblables existent en Europe, et c'est du septième au neuvième siècle qu'on fait partir leur origine. La chapelle souterraine de Cantorbéry, celle contenant les reliques de sainte Radegonde, sont de ce nombre.

Les colonnes décorant la crypte de Notre-Dame étaient peintes, et l'une d'elles a conservé une fraîcheur de coloris bien remarquable. Les dessins qui y sont représentés appartiennent au genre Bysantin; c'est une importation de l'Orient, dont l'invasion en France remonte au sixième siècle, et qui devint un passion au retour de la première croisade.

Quant aux deux ouvertures ou portes cintrées qui communiquaient sans doute par des escaliers aux collatéraux de l'église, elles nous paraissent, ainsi que nous l'avons dit plus haut, bien moins anciennes que la crypte. On sait que cette disposition dans les monumens religieux n'est pas très-primitive, et n'a guères été employée qu'à dater du onzième siècle. La chapelle souterraine de St. Médard en offre un exemple.

Tout nous porte donc à croire que cette crypte fut la chapelle de la Vierge, et qu'autour d'elle s'éleva la cathédrale, comme à Lorette, en Italie, s'éleva l'église qui renferme la *Sancta Casa*.

Il est certain que la crypte était sous le chœur de la cathédrale. Or, à partir du moment où elle a été comblée, on a souvent enterré en cet endroit des personnages marquans dans la hiérarchie ecclésiastique. (1)

---

(1) Quelques recherches faites depuis la publication de ces notes nous ont appris que le 6e évêque de Boulogne, Mr Nicolas-Lavocat Billart, né à Paris le 25 mars 1620, nommé à cet évêché le 11 mars 1675 par la cession de son prédécesseur, et décédé le 11 avril 1681, fut aussi inhumé dans le chœur.

—Le cœur de M. Claude le Tonnelier de Breteuil, septième évêque, mort le 8 janvier 1698, y fut également inhumé du côté de l'épitre et derrière le pupitre où elle se chantait.

—Plusieurs guerriers célèbres ont aussi reçu cette honorable sépulture.

On cite : Philippe d'Esquerdes, baron de Liane, maréchal de France, l'un des plus grands hommes de guerre du règne de Louis XI, inhumé en 1494.

Michel de Patras de Campaigno, dit le Chevalier Noir, et qui fut en réalité l'un des derniers et des plus brillans représentans de cette héroïque chevalerie qui accomplit de si grandes choses de bravoure, inhumé en 1597. (Voyez la notice que lui a consacré en 1827 M. Al. Marmin, dans les *mémoires de la Société d'Agriculture, Sciences et Arts de Boulogne* pour cette même année.

—Raimond Roger Du Bernet, gouverneur de Boulogne et vice-amiral de France, l'un des plus brillans capitaines de son temps, enterré en 1591.

Les inhumations dans le chœur même des cathédrales étaient un honneur réservé aux plus beaux noms ; et il n'est pas douteux que les divers ossemens trouvés dans la crypte, confondus avec les ruines qui y étaient entassées, ne soient les dépouilles mortelles d'hommes qui jouèrent un grand rôle pendant leur vie. Nous émet-

C'est ce qui explique la présence d'une assez grande quantité de crânes et d'ossemens dans ses décombres. —Vers le fond, une tombe voûtée en briques a été ouverte. Elle contenait une crosse de bois paraissant avoir été dorée, des fragmens de tissu de soie, des gants et le cuir de chaussures ; le tout assez bien conservé. Quelques ossemens d'un brun foncé, et chargés de petits cristaux de phosphate de chaux surgissaient au milieu d'un amas de cendres. Cette tombe a été refermée, et sa conservation entrera dans la restauration de la crypte.

Il résulte de nombreux renseignemens que c'est là que furent déposés les restes de l'avant-dernier évêque de Boulogne, le saint et savant prélat, monseigneur François-Joseph-Gaston de Partz de Pressy. Une note manuscrite, en la possession de M. l'abbé Haffreingue, porte, conformément à la tradition orale des comtemporains, que ce digne pasteur *fut enterré dans le chœur de la cathédrale*. En outre, voici l'extrait d'un journal tenu par M. Abot de Bazinghen de 1778 à 1798, ne laissant aucun doute à cet égard : « *Le » jeudi jour de sa mort, on l'exposa dans une cha- » pelle, visage et pieds découverts, et toute la ville » s'y rendit.—On y porta les malades et les enfans. » —Il fut inhumé sous les marches du trône, dans » le chœur de la cathédrale.* »

Ajoutons que le pavé de la crypte était formé de carreaux en terre cuite, dont plusieurs encore adhérens au sol ont été retrouvés intacts. Ils sont peints en rouge et blanc, et de dessins variés. Les uns représentent une grande fleur de lys, placée de coin en

---

tons le vœu qu'une même tombe les rassemble tous dans la chapelle même où ils ont été trouvés, et qu'un mausolée simple et sans inscription soit élevé sur elle. Le silence de ce mausolée dira plus éloquemment que les livres à quel point sont déplorables les perturbations politiques ou les cupidités qui se laissent entraîner jusqu'à la violation des tombeaux.

coin ; les autres sont couverts d'un semis de cette fleur, d'autres enfin offrent aux regards un aigle éployé, posé en bande. On sait que les manoirs et édifices des plus anciens temps de la féodalité étaient ornés d'un pavage en carreaux représentant des fleurs, des oiseaux et des emblêmes chevaleresques. Plusieurs carreaux de ce genre, provenant du château de Domart, en Picardie, ont été donnés dernièrement au musée d'Amiens par M. l'abbé Deroussen.

Nous considérons la découverte de cette crypte comme très-précieuse pour l'art archéologique et l'histoire religieuse de notre pays. C'est bien certainement le monument le plus curieux existant à Boulogne et le plus ancien peut-être qu'il y ait dans le département.

Sa restauration est confiée à un homme de talent, ayant fait une étude particulière de nos antiquités nationales, M. Debayser.—Il saura, en conservant ce qui reste, rétablir ce qui a été détruit, selon le style et le goût de la construction primitive, de manière à harmoniser toutes les parties de ce petit édifice: Tant de souvenirs se rattachent à ce vieux berceau de pierres, asile primitif en des temps de foi, de la patronne du boulonnais, que l'architecte tiendra à honneur de nous rendre ces souvenirs dans toute leur force et leur naïveté !

NOTICE BIBLIOGRAPHIQUE.

Les personnes qui désireraient mieux connaître l'histoire de Notre-Dame de Boulogne, de la basilique qui lui était consacrée, et apprécier exactement l'importance de son culte pendant tout le moyen âge et jusqu'aux temps modernes, peuvent consulter les ouvrages suivans :

Histoire de l'ancienne image de Notre-Dame de Boulogne, par le père Alphonse de Montfort, capucin du couvent de Boulogne. Paris, Lamy, 1636, in-8°.

Il en a été donné, en 1654, chez le même libraire, une seconde édition dans laquelle il n'y a de changé que le titre et l'épitre dédicatoire.

Histoire de Notre-Dame de Boulogne-sur-mer, dressée sur plusieurs chartres, histoires, chroniques, titres, registres et mémoriaux de Paris et de Lille en Flandres, par Antoine Leroy, archidiacre et official de Boulogne. Paris, Audinet, 1681, in-8°.

Cet ouvrage, puisé aux sources, écrit avec conscience, et dans lequel tous les faits sont appuyés de preuves, obtint un grand succès. Dès 1704, il en avait été fait jusqu'à sept éditions.

Une 8me édition a été publiée, dans le format in-16, en 1827, par les soins de M. Hédouin, bâtonnier de l'ordre des avocats de Boulogne. L'éditeur, homme de lettres distingué, y a ajouté un avertissement, quelques notes intéressantes, entr'autres aux pages 177 et 181, un appendice continuant l'histoire de 1703 à 1827, et des poésies en l'honneur de Notre-Dame de Boulogne. L'éditeur a, du reste, scrupuleusement respecté le texte de l'ouvrage qu'il faisait réimprimer, et il en a déduit dans son avertissement les raisons aussi solides que bien exprimées.

En 1839, on a ajouté aux quelques exemplaires qui restaient encore de cette édition un carton embrassant l'histoire de ces dernières années, un plan de l'église nouvelle et une légende. Une 9me édition devenue nécessaire se prépare.

Le Nouveau mois de Marie, ou *le Mois de Mai*, consacré à la gloire de Dieu, avec une notice historique des principaux sanctuaires dans lesquels elle a été honorée, par M. Letourneur, doyen du chapitre et grand vicaire de Soissons. Paris, Rusand, 1831, 1 vol. in-8°.

Martyrologe des fondations de l'église de Boulogne. Boulogne, 1694, in-folio.

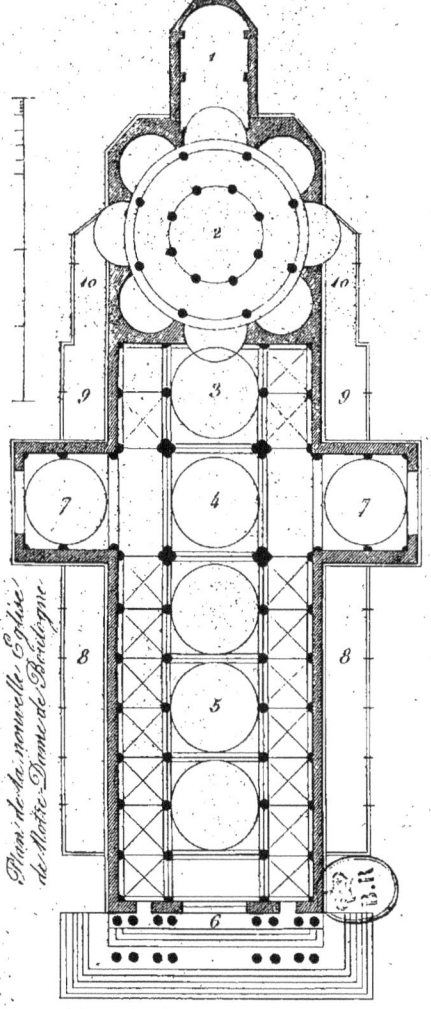

Plan de la nouvelle Église de Notre-Dame de Boulogne

Nouvelle Église de Notre-Dame de Boulogne.

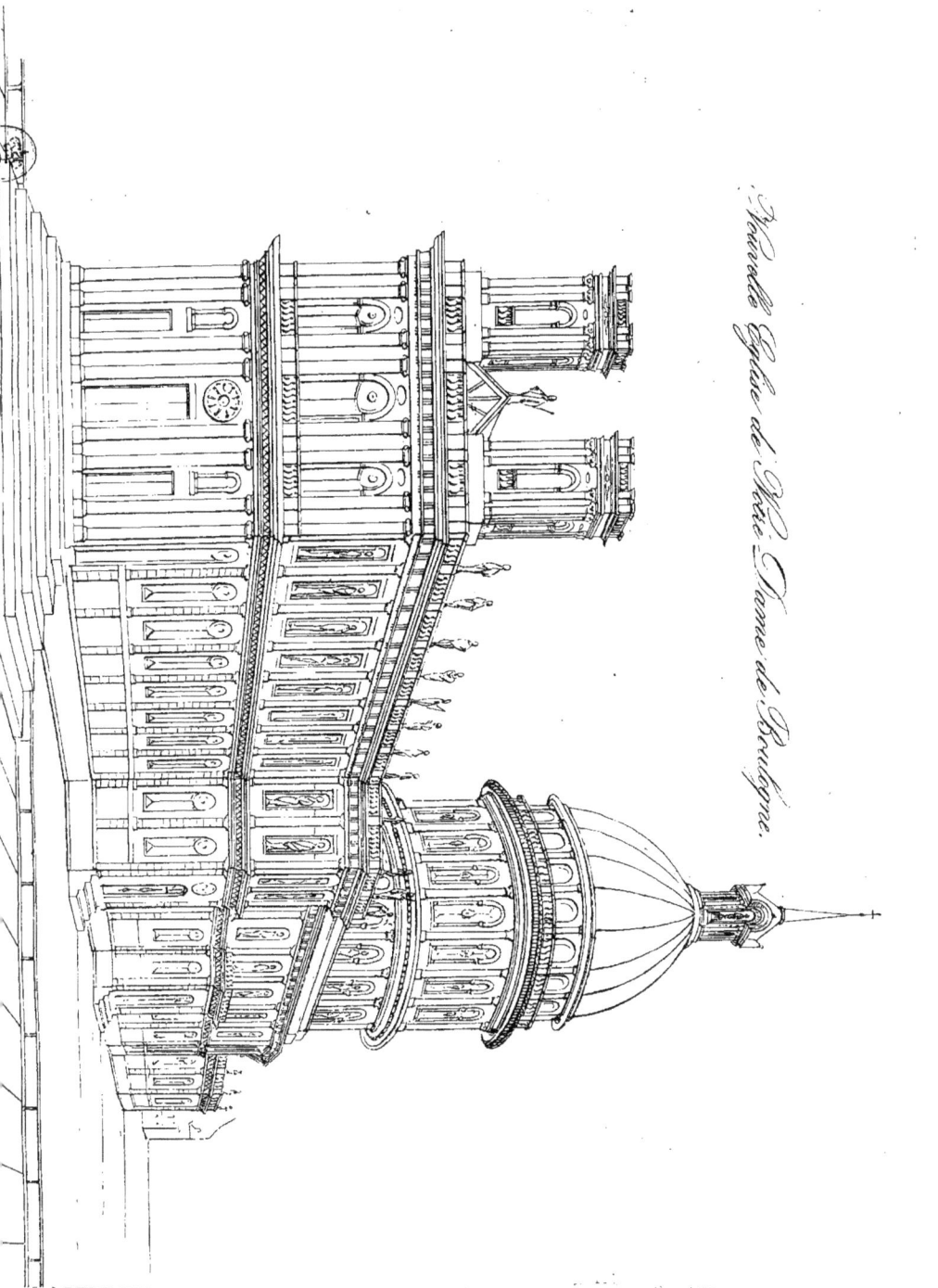

Nouvelle Église de Notre Dame de Boulogne.

www.ingramcontent.com/pod-product-compliance
Lightning Source LLC
Chambersburg PA
CBHW060459050426
42451CB00009B/720